Roland Zoss

✦

Kinder und Könige

KINDER & KÖNIGE

Roland Zoss
50 Jahre Lieder & Poesie
mit QR-Hörcodes

Impressum

Bibliografische Information der Deutschen Nationalbibliothek - CIP Einheitsaufnahme
Zoss, Roland:
Kinder und Könige / Roland Zoss - BoD 2025
ISBN: 978-3-7693-0921-8
© 2025 by Roland Zoss, 1. Auflage
CH-3147 Mittelhäusern
Verlag: BoD · Books on Demand GmbH,
In de Tarpen 42, 22848 Norderstedt,
bod@bod.de
Druck: Libri Plureos GmbH, Friedensallee 273,
22763 Hamburg

Inhaltsverzeichnis

«Aus den Gedichten spricht ein begnadeter
Dichter, der durch weitgespannte Dimensio-
nen des Denkens und Fühlens von einer
Überraschung zur andern führt.»

„Der Bund" 1998

Gedichte

Im Elfenwald Kloster Hauterive 1975

Auf weichem grünem Moos
sitz ich im Wald
und denke nichts und warte bloss
auf eine Elfengestalt
die vor mir in der Dämmerung steht
und mit mir durch die Wälder geht

Der Baum an den ich lehne
bettet seine Zweige zur Ruh
und aus tiefer Waldesferne
rufen mir Nachtstimmen zu
Aus dem Dickicht steigt der Nebel
in mein Gesicht wie weisser Regen

Sacht lassen mich die Sinne los
und als Blütenstaub im Wind
so sink ich über Farn und Moos
in einen anderen Sinn
wo ich nichts mehr weiss
wo ich nur noch bin

Ich kann euch sehen 1975

Ich seh euch durch alle Strassen gehen
mit zerbrochnen Herzen an falsche Fenster lehnen
Ihr tragt klingende Kleider und Glitzersachen
doch eure Gang ganz ist müde und leer
Wie eine brechende Welle im Maskenmeer
so sehr such ich euer Lachen

Ich seh euch durch leise Fenster fallen
in gierige Grossstadt-Tigerkrallen
und will euch mit einer Liebe halten
an die ihr nicht mehr glauben könnt
Wie Regen der an schmale Lippen fällt
und der Mund ist voller Falten

Doch ich möchte von guten Tagen singen
von Schwalben die den Sommer bringen
von lebensvollen Nebensachen
Ja ich will euch verzaubert, verwundert sehen
wie Kinder durch alle Strassen gehen
so sehr lieb ich Kinderlachen

Der Sturm 1975

Ein Sturm ist über mich gekommen
mit Gelächter und mit Eis
Der Schnee hat mir die Sicht genommen
nur meine alte Seele weiss
verdunkelt und in sich verschwommen
noch wer ich bin und wie ich heiss

Strenge ging von meinen Armen
als ich noch Herr der Wüste war
Doch schon ein Wort liess mich erwarmen
aus dem Munde von Hagar
und meine Hand hatte Erbarmen
mit dem Lamm auf dem Altar

Vor langer Zeit auf meiner Reise
suchte ich das wahre Leben
Und jedes Volk auf seine Weise
hat mir von seiner Art gegeben
und über jedem Land hing leise
im Sommer schon der Winterregen

Doch ein Sturm steht über mir
wie ein schweres Richterschwert
Ich bin verurteilt, frei zu sein
auf dem langen Wanderweg
der weitergeht von Stein zu Stein
und niemals stillesteht

Hinter dem Rücken der Zeit 1975

Hinter dem Rücken der Zeit
traf ich den Ritter ohne Schloss
er wusch am Bach seine Wunden
und klagte laut über sein Los

Er seufzte er wär hinter den Heiden her
und der Glaube sei ihm Pflicht
Doch sein geharnischter Leib
wünsche sich ein Weib
das den Bann des Kreuzes bricht

Kurz nach Einbruch der Nacht
drangen tief aus dem Wald
menschliche Laute zaghaft und schwach
Ein Mädchen suchte seinen Mond

Es rief nach ihm der ihm einst schien
der bei ihm schlief und wachte
im Weiterwandern war er bei andern
die er gross und glücklich machte

Ein Mann in braunem Mönchsgewand
nahm mich auf in seiner Klause
Er sei der König ohne Land
und bleibe lieber unerkannt

Doch schon am nächsten Morgen
ist er verhaftet worden
weil er die Grenze stehlen wollte
Zum Tode verurteilt gab er mir die Freiheit
am Tag als ihn der Henker holte

Auf einem Hügel in Matsch und Schnee
lag das Fernrohr am Aug auf der Pirsch
der Generalmajor ohne Armee
und plante den Gegenangriff

Er machte mir Zeichen den Feind anzugreifen
Von Osten her wehte der Wind
endlose Kolonnen, Salven von Sonnen
ich fiel – doch der General er war blind

Noch bin ich jung 1976

Noch bin ich jung, seh gut genug
um den Dunstpilz zu erkennen
der über unsren Städten schwebt
wo sie Alleen niederbrennen
Bäume von der Wurzel trennen
und den Verliebten "Träumer" nennen
der Herzen in die Rinde kerbt

Noch bin ich jung, hör gut genug
Kanonendonner in der Weite
Trommelfeuer, Hassraketen
doch der Pfarrer am Radio meinte
dass man sich nur vorbereite
aufs Friedensreich, das prophezeite
mit Posaunen und Trompeten

Noch bin ich jung, spür gut genug
um zu erkennen was ihr tut:
ihr Förderer der Steinkultur
ihr habt die Macht, wir singen Lieder
ihr strebt nach oben, wir knie'n nieder
ihr tragt den Tod in euren Stiefeln
wir sind dem Leben auf der Spur

Wenn ich hart wäre wie ein Stein 1975

Wenn ich hart wäre wie ein Stein
und meine Brüder die Finger der Faust
dann würd ich zu ihnen sagen:
Reisst Hochhäuser und Garagen ein
sprengt Banken und Autobahnen
plündert die Zeughäuser, räumt sie aus
sperrt die «gesetzlich Geschützten» ein
und lasst die Kinder der Kälte heraus

Wenn ich weich wäre wie ein Wind
und meine Schwester wäre der Atem
dann würde ich ihr raten:
Lass dich gehen wie ein Kind
biege Ähren, Busch und Baum
baue Luftschlösser auf Erden
lass Menschenwürde wirklich werden
mach das Leben zu einem Traum

Wenn ich heiss wäre wie ein Brand
und mein Bruder wäre die Glut
dann würd ich ihm sagen:
Fahre mit Feuer und Schwert übers Land
zerschlage die kalten Masken der Macht
trag Feuer und Flamme in alle Herzen

und nach der blutigen Hochzeitsnacht
entzünde stillere Zukunftskerzen

Wenn ich nass wäre wie ein See
und meine Schwestern wären die Tränen
dann würd ich ihnen sagen:
Regnet eure Wolken aus
über Schulen und Betriebe
fällt aus eurem Schmerz heraus
und löscht die Welt mit Liebe

Winterspaziergang (für Beatris) 1975

Lange gingen wir durch die Dämmerung
über schlafende Felder
mit weissen Wimpern

Der Abend sank uns in die Augen
Ein Eisvogel auf schmalen Flügeln
schwebend auf den Klingen im Wind

Schweigen eroberte
die verhangenen Täler
die zugefrorenen Flüsse

Unter den Toren des Winters
wo der Wind mit silbrigen Murmeln spielt
begannen sich unsere Schritte zu reimen

Lange standen wir
mit pochenden Herzen
staunend im Wind
erwarteten
den sternenbestickten Mantel
der dieses Wunder
für immer umfing

In den sieben Hügeln des Herzens 1975

Tief in den ersten Hügel gebettet
liegen die goldenen Grotten des *Glücks*
gefüllt mit lieblichen Lautenklängen
mit Stimmengewirr und Festgesängen

Vom zweiten Hügel führt bleiern
der graue Weg der *Gewohnheit* herab
Mit schweren Schritten in Schuhen aus Stahl
steigen versteinerte Menschen zu Tal

Den dritten Hügel schmücken in Knospen
die hängenden Gärten der *Liebe*
bunt schillernde Vogelschwärme schweben
auf Frühlingsflügeln hernieder

Aus der Stirn des vierten Hügels
wachsen eckig die Gletscher des *Schweigens*
von klirrenden Gipfeln rollen ins Land
Lawinen aus Eis und kristallenem Sand

Den fünften Hügel durchziehen
die Karfunkelsteine der *Sinnlichkeit*
halten in schimmerndem Glitzerglanz
das Feuer von Lust und Liebe bereit

Auf dem sechsten Hügel entspringt
der wallende Strom der *Schmerzen*
frisst sich lautlos durch weiches Gestein
bricht sich knirschend an stählernen Erzen

Auf dem siebten Hügel hoch oben
steht einsam der Tempel des *Todes*
brennende Fackeln auf marmornen Fliesen
weisen den Weg, den die Zeiten uns wiesen

Und zwischen den sieben Hügeln des Herzens
dort liegt die gelobte Heilige Stadt
in deren Mauern die Wunden
des Lebens sich schliessen
wo die *Sehnsucht* ihre Wiege hat

Holligenjung 1976

Als ich noch jung war und dumm
auf brummenden Steinbänken im Bienengarten
Blutsbruder der Grillen und Spatzen
hing mir der Morgentau am Fuss
und wo immer ich ging
erblühte das Wunder

Die goldene Axt im Arm
zog ich in den Sommerwald
sang mich leicht ins Wipfelherz
der Buchen und Rottannen

Wie rauschten da die Lungenflügel
in Blätterduft und Harzen
hoben mich hoch hinaus
über den grünen Nadelsturm

Sonntags nur liess Gott mich sitzen
auf himmelharten Hochglanzbänken
Wenn sich meine Fäuste ballten
galt das Gebet dem Wurm im Holz
dem stillen Mitverschwörer
im Ringen um ein freies Sein

Und leis kläfften meine Lackschuhe
wenn die grossen Kirchenhunde schlugen

Als ich noch bubenbeinig umherging
in Kniesocken von Mutters Hand
johannisbeerblau in Grossvaters Garten
sonnentrunken in den Tag verliebt
schloss mir der Hüter der Nacht
das Tor zur Ahnung auf

Der Bumerang Tikal 1976

Wenn du in die dunklen Völker gehst
die den Äquator bebauen
und tiefer gehst
weiter
als alle

Wenn du eine Wiese wirst
auf der die Augen weiden
Dann kehren in Schauern
die Jahre zurück
und regnen sich über dir aus

Und der Bumerang
den du als Bub geworfen
fällt nachts aus den Sternen
heim in dein Herz

Fliegtraum (für Oskar Bider) 1978

Versucht
als erster Mensch
die Alpen zu überfliegen im Traum

Atemlos
über rosalauenen Gletschern
nebelleis
in eisheiligem Land

Versucht nicht abzustürzen
beim Erwachen im Pioniergeist

Ersucht um Landeerlaubnis
auf Schweizer Flugplätzen
Mit der Essenz
zur Überwindung der Schwerkraft
im Laderaum:

Flügel zu unerschlossenen Sphären

Zigeunerliebe 1978

Zwei namenlose Fremde
entlang dem Uferweg
im Zwiegespräch der Schritte
Raus aus dem Abendland
der Einsamkeit

Zwei namenlose Freunde
unterwegs nach ungezäunten Räumen
unzahlbaren Gütern
nach Göttern
aus Nähe und Gras

Oh Augenfeuer
Oh Lagerfeuer
an dem wir sassen
vor abertausend Jahren

Oh Rausch nach Vergehen und Tod
Zwei sterbende Körper
fallende Sterne
in der Hitze der Nacht

Flieg oder stirb (Kindheitstraum) 1979

Öffne die Arme mein Sohn und flieg
schütz deine Augen
vor dem Gift ihrer Blicke

Wende dich zum Licht
aus dem du geboren bist
Lange hast du fremdgelebt
hast den Geist trainiert
hast aus Gesichtern gelesen
die Muskeln geformt

Breite die Flügel aus und flieg
ohne Furcht vor der Unendlichkeit
Der Geist wird dich führen

Einzig ein kleines kitzliges Entsetzen
bleibt in der Fusssohle zurück
wenn du dich von der Erde löst

Breite die Arme aus und flieg
Vertraue dem Leitstrahl
Folge dem Sog aus dem All
Hör aufs Orchester der Sinne
zeitlose Chiffren geschrieben ins Blut

Schliesse die Augen mein Sohn
höre das Pochen im Herz
das Singen der Lungen

Sich vorwärts werfen
auf Zehenspitzen
vom Asphalt abheben

WARM PULSIERENDER FLUGKÖRPER

über der Stadt
unterwegs
in die Urzeit der Liebe

An allen Ecken der Welt Leysin 1981
(African Roots Festival)

An allen Ecken der Welt
blickst du in Augen von Brüdern
schlenderst durch fremde Gassen
das Gilet am Bauch
in das dir eine Frau
Mond und Sterne gestickt

Im Regen unter der Blutbuche
hält eine Tamilin dein Gesicht
summt ihr Lied aus dunklem Moschus
Vom Festplatz her Santana-Musik
verschmolzen mit ihrem Körpergeruch

An allen Strassen der Welt
trommelt ein Freund dich nach Afrika
lädt dich ein zu einem süssen Rauch
und ein ungarischer Mund
küsst dir den Schmelz der Jugend
im Tanz von der Stirn

In allen Tassen der Welt
spiegelt sich ein Lächeln
Etwas strömt dir entgegen

bringt dir den Blues
lässt das Bongoherz schlagen
Etwas kommt an
wie ein heimkehrendes Schiff

Du vergisst dass du 30 bist
vergisst die Warze an Zeh
vergisst alle Klunker der Welt

Was bleibt ist einzig dieser Riss
quer durchs Hotelzimmer
im Morgen der Empfindungen
und etwas
wie ein sterbender Mond

Variété Flic-Flac Hamburg 1981

Das Licht geht aus im Saal
Marlene Dietrich setzt sich zu dir
Santello zwängt sich
aus der Wirklichkeit heraus
in den Quader aus Glas

Aus nordischem Nebel betritt
der Verwandlungs-Reisende
als Mannfrau
den Raum zwischen den Sekunden

Der Schatten einer Hand
flieht als Hase über die Leinwand
Der alter Chinese lässt
die Teller surren
Eine goldene Göttin wird zu Rauch
Hundert Jahre vergehen

Auf dem Höhepunkt des Verlangens
turnen Akrobaten der reinen Gebärde
um einen Phallus aus Licht

Traumtänzer verkünden glitzernd
auf Zehenspitzen
den Anbruch der Gegenwelt
der Poesie und der Herrlichkeit:

Ein Spiel mit der LIEBE
Ein Spiel mit dem FEUER
Ein Traum in sechzehn Akten
Ein Hungern nach mehr

Und auf einmal das Gefühl
zum Leben zu erwachen
in Hamburg
hoch oben
im dritten Rang

Verkauft und zugemacht Bern **1983

Sie bauen Autobahnen
über dein Herz
legen den Teich trocken
der zwischen deinen Schenkeln entspringt

Sie erklären den Atem
zum internationalen Luftraum
Deine Stimme wird eingepackt
dein Schritt sicher gelenkt
Längst schon haben sie die Sprache
besetzt mit braunen Truppen

Sie verhökern die Lust
am Bahnhofkiosk
messen die Liebe am Brustumfang
Sie drücken dir die Augen zu
und kaufen deine Seele auf
Der kleinste Wunsch in deinem Hirn
erscheint auf einem Datenschirm

Und langsam, langsam
tut sich dein Körper zu
die letzte Wohnstatt die du hast

Ich will dich nicht besitzen Goa 1984

Ich will dich nicht besitzen
und doch besitz ich dich
wenn ich dich so anblicke
als wärst du da für mich

Ich will dich nicht verletzten
und doch verletz ich dich
mit hingeworfenen Sätzen
die treffen innerlich

Ich möchte mit dir gehen
wohin immer es ist
dir nie im Wege stehen
dich nehmen wie du bist

Ich möcht dich nie verlieren
und doch verlier ich dich
denn auf dem Höhepunkt Liebe
kehrt jedes heim zu sich

Seltsam in mir 1985

Auf allen Balkonen lodert die Liebe
Brennende Fackeln unter der Haut
In den Kellern zerren Hunde
an den Ketten der Ungerechtigkeit
Spinnen singen ihr heimliches Lied

Im Hotel «Zum Weltuntergang»
tafeln Genossen und Businessmen
Ich wasch' mich im Fluss
bade heiss und kalt
wringe meine Wünsche aus
bis nichts mehr kommt als Blut

Ich tanze mich nach Afrika
Trommeln im Herz und Zikaden
Erinnerungen kommen und gehen
Gitarren voll Sommer
Geigen voll Herbst

Seltsam in mir steh ich
am Rand dieser Nacht
unterm Wundermond
am Nabel der Welt

Herzbürger **1983

Lasst uns Herzbürger sein
im Freistaat gültiger Gefühle
dem Schmerz einen Grenzstein setzen

Das Bruderbanner aufgerollt
auf den Bergen des Bewusstseins
Freundschaft gesät
in die Felder der Seele
Die Küsten frei vom Kehricht
der Gleichgültigkeit

Lasst uns Augen und Ohren offenhalten
dem fremden Gast
den Ausdruck der Augen erkenne als Pass
und keine Verbote von Mann oder Frau

Lasst uns den Herzstaat errichten
mit dem Mut der Liebe:
ein Volk
eine Sprache
ein Land
von Tod und Teufel anerkannt

Zum Teufel mit den Engeln 1987

Zum Teufel mit den Engeln
die mit der Wahrheit lügen

Ich spüre tiefen Quellen nach
im Herz und auf den Hügeln
im Überfluss des Abendlands
am Abgrund ohne Flügel

Die Welt hat sich verbogen
was unten war liegt oben

Ich spüre tiefen Quellen nach
das Herz im Sturm erhoben

Die Welt verstehen 1987

Am Fenster stehen
bis sich in der Gasse jemand bückt
und einen Hund streichelt

Der Schnee hat sich über Bern gelegt
Die Stadt im weissen Pelz
zwischen Aufstieg und Untergang

Kann man die Welt verstehen?
die Kraft zwischen den Worten
erklären mit Worten?

Drückt Schweigen nicht alles aus?
Schreit Ungerechtigkeit nicht von selbst?

Und das Leben sucht sich selber
die Farben in die es sich kleidet?

Wenn du gehst 1987

Wenn du gehst
werd ich sein
wie eine Gasse mit Fäusten gepflastert

Wenn du gehst
werde ich sein
wie ein Haus von Geistern bewohnt

Wenn du gehst
werde ich sein
wie ein ausgedienter Kran

Wenn du gehst
will auch ich gehen
im Sturm der Dämmerung

Will keinem und keiner gehören
blutend aus Händen und Füssen

Meine Seele
wird eine neue Sprache lernen:
die Farbe der Blätter im Herbst

Alles was ich geben kann 1988

Alles was ich geben kann
meine Stimme meine Hand
Nimm es und nimm genug

Alles was ich geben kann
meine Hoffnung meine Haut
Nimm sie und nimm genug
für die Zeiten die noch kommen

Nimm den Himmel
aus meinen Augen
ohne zu fragen und flieg

Nimm den Donner
aus meinem Bauch
ohne zu fragen und schrei

Nimm alles
aus meinem Leben
was ich geben kann
und geh

Könige der Gegenwart 1990

Wir ritten auf goldenen Pferden
im Pfeilregen australischer Sonne
flanierten über den Strand
Standen staunend
unterm Koala-Baum

Wir umarmten uns und wussten:
beide haben andere Partner
in einem anderen Land

Wir gaben uns ein Stück weit die Hand
ein Stück weit die Haut
wie Kinder
Könige der Gegenwart

Süsse Milch der Erinnerung 1990

Oh feiner roter Faden
der sich in die Kindheit spannt
ins Milch-und-Honig-Land

Zur Schule gehen
mit Gänseblümchen im Haar
Der erste Flaum
Der erste Kuss
Der letzte Mohikaner

Und immer wieder
unter Bäumen träumen
Wolkenschafe reiten
Hände halten aus Porzellan
Die Nacht betreten
wie ein Tagedieb
Sternschnuppen zählen
mit offenem Mund

Aneinander hangen
wie das Gras
im Morgentau von gestern

700 Jahre Freiheit 1291-1991

Wer hat der Schweiz das Feuer gestohlen?
Wer hat den Tanz verboten
das Lachen im Bauch der Gitarren?
700 Jahre Einsamkeit

Wer hat die Lust abgedeckt
mit schwarzem Tuch?
Wer hat das Tier in dir verknurrt?
Die Flüsse eingedämmt
die Milch von Mutter Erde?

Nur nicht auffallen
Sich ducken wie das Gras
Lautlos sterben wie der Schmetterling
700 Jahre Eiszeit

Wer hat den Boden verteilt
nach gewonnener Schlacht?
Wer hat den Eichenwald gefällt
den grünen Tempel?

Wer hat den Wind gezähmt
das wilde Heer?
Wer hat die Wut gestohlen
und den Übermut?
Wer hütet das Geld
700 Jahre Eigentum?

Ein Volk von Leisetretern
Zur Arbeit gehen
mit der Seele im Portemonnaie
Am Fenster stehen
das Alpenglühen sehen

700 Jahre Freiheit
und keine Sicht aufs Meer

America by night New York 1991

Im Baum da wohnt ein Traum
der Traum wächst hin zum Licht
im Wasser und im Wind

Im Wind da wohnt ein Kind
das Kind wächst mit dem Jahr
mit Händen, Haut und Haar

Im Haar da wohnt ein Star
er sieht die Zukunft klar
bei Tag und auch bei Nacht

Die Nacht bewacht den Mann
der zählt und zählt sein Geld
stellt Häuser auf die Welt

Die Welt ist ohne Baum
Der Mann ist ohne Traum
Im Wind sitzt still das Kind
Es trägt die Nacht im Haar

Augenkerze (für Nicole) 1992

Meine Augen haben eine Kerze
angezündet für dich
Sie brennt ohne zu flackern

Ein Fläumchen schwebt
über den Kontinent der Haut
landet auf deiner Brust

Blühen Traumbilder
sind es meine Wünsche
die vorüberziehen

Erklingt ein Geläut
ist es mein Mund
der dich ruft

Spürst du ein Gewicht
auf dem Herz
ist's meine Hand
die dich sucht

Baum der Beständigkeit

Deine Wimpern beschatten meinen Weg
Dunkler als Bernstein duftet deine Rinde
Oh Wipfelwiege der Kinder
grün-würziges Zauberland

In deiner Krone wohnen Häher und Specht
und der Kummer hat kein Nest

Du stehst am Rand der Strassen
am Ufer der Flüsse
im ewigen Eis
verwurzelt in der Ferne

Baum der Beständigkeit

Oh könnte ich ein Fluchwort sein 1992

Oh könnte ich ein Fluchwort sein
aus deinen losen Lippen schreien
eine verrückte Zungenmaus
verzückt in deinem Mund zuhaus

Oh wäre ich ein Läusebengel
im Haar von einem blonden Engel
ein frecher Floh im Hosenrohr
ein schräger Wurm in deinem Ohr

Oh wäre ich ein Schwalbenschwanz
ein Falter der im Bauch dir tanzt
ein wildes Haar auf einer Brust
ein Atemzug aus tiefster Lust

Oh wär ich doch ein warmer Tropf
und wanderte vom Zeh zum Kopf
ein Körperchen aus rotem Blut
das sich in deinem Herz ausruht

Oh könnte ich ein Fluchwort sein
auf deinen Lippen, nur ein Reim
oder der Vogel, den du rufst
wenn du im Schlaf die Hand auftust

Der Tag als meine Tochter kam 1994

Hunderte von Menschen habe ich getroffen
in Dutzenden von Ländern
Ich habe Brücken überquert
bin über Wasser gefahren
in Kanus, Fischerbooten und Dampfern
habe in Bahnhöfen geschlafen
unter Banyan-Bäumen
in Luxushotels

Hunderte von Gefühlen hab ich erlebt
bin gestreichelt worden und verhöhnt
von Männern umarmt und von Frauen

Hunderte von Liedern hab ich gesungen
an Lagerfeuern unter Palmen
auf Konzertbühnen
auf Gipfeln im Schnee

Im Sturm des Lebens bin ich erzittert
habe Niederlagen erfahren
und Hochzeiten
habe Feuer bekämpft
und den Winter der Seele

Doch kein Augenblick
unterm Sternenhimmel
kein Ohrenblick im Märchenzelt
war grösser
als der Tag
als meine Tochter kam

Weltruhm am Wickeltisch 1994

Andere grössere Namen
haben Romane geschrieben
die den Untergang ganzer Reiche überdauerten

Andere grössere Namen
widmeten sich dem weiblichen Geschlecht
sezierten es Pore um Pore
mit der Lupe der Literatur

Die meisten standen ihren Mann
und haben Kinder gezeugt
Doch wer von ihnen
hat den Schreibtisch verlassen
statt die Familie?

Wer von ihnen
hat auf Ruhm verzichtet
um seinen Sohn zu schöppeln?

Wer von ihnen
hat sein Töchterchen gewickelt
in die Prosa zärtlicher Liebe?

Wer von ihnen
hat seine Frau behandelt
wie das grösste Gedicht?

Liebhaber der Erde 2024

Meine Liebe zur Erde
steigt mit dem Meeresspiegel
ein paar Millimeter pro Jahr

Der Mut Bäume zu umarmen
wächst mit jedem Lorbeerblatt
mit jedem Molekül Kohlendioxyd
das zum Himmel fährt

Am Rand der Milchstrasse
im Sonnensystem meiner Geburt
lausche ich der Weltmusik
dem Reggae des Regens
dem Rock n Roll des Hurrikans
dem Violinkonzert vom verlorenen Herbst

Schmetterlingsleicht im Erdbeerbaum
schwerelos blau im Wellengang
Plankton der Erinnerung

Meine Liebe zur Erde
steigt mit dem Blutdruck
ein paar Millibar pro Jahr

Die Angst soll kein Nest sich bauen
im grau gewordenen Haar
Das innere Kind soll
über die Felder der Seele springen
der Löwe sich aufbäumen
im vergitterten Herz

Wie schön ist es doch
auf der Welt zu sein

Ein Wimpernschlag
im Angesicht der Ewigkeit

Lieder

◆◆

Walpurgisnacht-Ballade   Bern 1975

Es war an einem Vorsommerabend
als ich die Strassen hinter mir liess
und auf leisen Traumtänzerfüssen
den Weg nahm, den der Mond mir wies

Der Abendwind wiegte die Tannen
das Holz duftete schwer nach Harz
als ich von ferne einen Brunnen
im Mondlicht funkeln sah wie Quarz

Er stand in einer weiten Lichtung
zwischen drei Erlen im Sumpfgras
und wie ich ihn staunend berührte
da war er ganz aus Glas

Ich beugte mich über den Rand
trank vom kristallklaren Quell
mit offenen Augen, offenem Mund
da wurde es um mich rege und hell

Harfenmusik wiegte mich in den Wind
Elfen mit saphirblauen Flügeln
tanzten Reigen libellengeschwind
über den mondbeschienen Hügeln

Sie nahmen mich gleich in ihren Kreis
um das blaue Feuer auf
dann besang der erwachte Wald leis
der Sterne und der Wesen Lauf

Füchse, Falken, Turteltauben
Rehe, Raben, Salamander
Zaunkönige und Nachtigallen
sassen rundum beieinander

Zwischen den Seelen der grossen Toten
hockten Hexen, die mit wehenden Haaren
auf Diamanten beschlagenen Ruten
aus Transsilvanien hergeflogen waren

Auf einmal verstummte das rege Getue
in die Runde trat der Meister der Ruhe
gehüllt in ein Kleid aus geflochtenem Farn
mit einer hölzernen Lade im Arm

Dicht vorm Feuer blieb er stehn
zog ein vergilbtes Buch aus der Lade
liess seinen Blick durch die Runde gehn
und rief: «Hört, was ich euch zu sagen habe!

Das ist das tausendjährige Buch der Gewalt
von Tyrannen geschrieben mit Untertanenblut
von falschen Päpsten und Priestern gesalbt!»
und er schmetterte es in die stiebende Glut

Ein Raunen ging durch die dichten Reihen
als der Geist von Nero heulend verschwand
Napoleon rief: «Vive l'empéreur!»
Der Meister ergriff den nächsten Band

«Auch das hundertjährige Buch der Vernunft»
sprach er, «zeugt nicht von Zufriedenheit
Maschinen übernahmen die Lebenskunst
machten die Menschen
Sklaven der Arbeitszeit»

Hinter mir war ein Seufzen und Greinen
als auch das Buch in Flammen aufging

Einstein und Marx umarmten sich weinend
doch alle schauten zum Meister hin

Er hielt ein drittes Buch in der Hand
mit weissen unbeschriebenen Seiten
sprach: «Das ist der letzte Band!»
dann verschwand er unter den Leuten

Einen Windstoss lang blieb es still
man gedachte der gefallenen Bäume
der ausgerotteten Tiere der Welt
der verwüsteten Böden und Meeressäume

Doch dann hub ein Huschen und Tanzen an
Waldelfen mit flechtenbekränzten Haaren
verteilten Harzmilch und Ambrosia
an alle, die hier beisammen waren

Der Mond war lang schon untergegangen
die Sterne verblassten am Firmament
als der Dirigent mit dem Wachholderzweig
und ein Geisterchor zu singen begannen

Es war das Lied vom neuen Tage
das ich nun sorgsam bei mir trage
als mein Beitrag zum dritten Buch
in das auch ich zu schreiben habe

Ich will dir schenken was ich habe 1975

Ich will dir schenken was ich habe
den Baum an dem die Träume wachsen
alle Fische in der Aare
die grünen Wälder vor der Stadt
den Klang meiner Gitarre

Das Haus in dem die Freude wohnt
die wilden Rosen die ich hege
die Wunderwelt der Waisenkinder
die luftig langen Wanderwege

Ich will dir schenken was ich habe
meine Augen, meine Ohren
das Offensein der Apfelblüten
das grosse Sommer-Mondgefühl
wenn weisse Wolken uns behüten

Den Schlaf der tiefen Seen
die Harmonie im Regenbogen
meine alten Kinderschuhe
die mir die Jahre ausgezogen

Dazu nimm eine Hand voll Wärme
nimm einen Fuss voll Ferne
nimm einen ganzen Mund voll Gold
und eine Stirn voll Sterne

Ich will dir schenken was ich habe
die Zeit die mir geblieben
eine Schale Minzentee
ein breites Bett voll Zärtlichkeit
und eine Nacht die schmilzt wie Schnee

Einen Tag aus meinem Leben
einen Ton aus meinem Lied
will ich dir einfach geben
so wie der Baum den Schatten gibt

Die Sanfte (Jesa) 1976

Ich bin sicher du weisst so viel mehr
als alle Götter in weissen Gewändern
deine Fingerzeige ziehen sich quer
durch die Kapitel meiner Geschichtsbände

Und heute gehst du neben mir her
wie ein Wind aus warmen Ländern
willst mit Seufzern und Samen vom Roten Meer
eiserne Gärten mit Blumen umrändern

Die Makler an der Börse bangen
um Wechselkurse und fallende Preise
die Freunde in Untergrundbahnen gefangen
fahren am Ort immer gleich im Geleise

Nur die Frühgeburten in Chromstahlzangen
vernehmen das Summen der Wendekreise
nachts, wenn die Sterne tiefer hangen
wie goldene Trauben handvollweise

Ich weiss, deine Anmut macht dich einsam
wie den Seemann der Gang der See
wie den Trucker das Band der Autobahn
wenige gibt es, die das versteh'n

Ist's wahr, werden in deiner Hand Falken zahm?
ich seh dich gekleidet in Kräuter und Klee
Bist du gar der letzte Partisan
der archaischen Friedensarmee?

Auf deiner Stirn gehüllt in Schweigen
seh ich dich das Zeichen tragen
öffne die Bluse den Helden die leiden
lass sie seufzen, stöhnen und klagen

Dass sie wie Felsen dem Wasser sich beugen
und Schönheit in ihrer Stimme tragen
wie eine Sänfte gezimmert aus Eiben
doch innen mit Seiden ausgeschlagen

Du kennst die Sprache der Chinesen
den Erdgeruch der Mongolei
zu lang bist du unterwegs gewesen
nun bist du müde, nun bist du frei

Ich fand dich schlafend auf dem Rasen
am steinigen Weg zur Stadtgärtnerei
deine Füsse wund und voller Blasen
von der langen Flucht aus der Sklaverei

Ich bin sicher du weisst so viel mehr
als all die Götter in weissen Gewändern
deine Fingerzeige ziehen sich quer
durch die Kapitel meiner Geschichtsbände

Und heut gehst du neben mir her
wie ein Wind aus warmen Ländern
um Seufzern und Samen vom Roten Meer
eiserne Gärten mit Blumen zu rändern

Eiger, Mönch & Jungfraujoch 1979

Bei Eiger, Mönch und Jungfraujoch
Bei Sonnenschein und Schnee
Beim Apfelschuss von Wilhelm Tell
Beim Mondlicht überm See
Beim Viadukt der Autobahn
Beim Mann mit dem hohlen Zahn
Lass diese Seele singen

Bei Buddha, Jesus, Mohammed
Bei Wasser, Wein und Tee
Beim Giftbecher von Sokrates
Beim Spieglein an der Wand
Beim Schweigen meiner toten Schwester
Beim Christbaum aus Polyester
Lass diese Seele singen

Bei Romeo und Julia
Bei Tag und auch bei Nacht
Beim Einkaufsbummel in der Stadt
Bei all dem was glücklich macht
Bei den Hexen die verbrannten
Bei den Toten die auferstanden
Lass diese Seele singen

Das Haus hinter den Bahngeleisen
Romainmôtier 1975

Im Haus hinter den Bahngeleisen
wo's nach Altöl riecht und Eisen
wo die grünen Witwen warten
auf Schatten die nach Süden reisen
da bin ich stark und gross geworden

Die Nase flach am Fensterglas
stand ich für Stunden und vergass
den Schulsack voller Lob und Lügen
seitdem ich die Welt besass
mit Städten, Bahnhöfen und Zügen
Räder rollt und dreht im Kreise
nehmt mich mit auf eure Reise

Dieselmaschinen unter meinem Willen
mussten mit endlosen Distanzen ringen
sibirischen Wälder, mongolische Wüsten
und liess die Lok ihre Glocke klingen
schauten die Leute auf und grüssten

Nun war ich Herr der blauen Schienen
und all die Räder mussten mir dienen
auf der Suchen nach dem Wunderbaren
doch blieb ich stets ein Freund der vielen
die fromm und barfuss waren

Räder rollt und dreht im Kreise
nehmt mich mit auf eure Reise

Im Haus hinter den Bahngeleisen
wo's nach Altöl riecht und Eisen
durch Fenster eisblumenbefroren
schauen nachts die grünen Waisen
nach Zügen, die aus Süden kommen

Ich seh sie in den Fenstern stehen
kann die Gesichter wachsen sehen
wie Monde rund im Lichterschein
der Wagen die vorübergehen
in die dunkle Nacht hinein

Räder rollt und dreht im Kreise
nehmt mich mit auf eure Reise

Der Freund Isla Mujeres 1976

Du kannst Bonbons und Blumen kaufen
einen deutschen Schäferhund
einen Hut mit Seidenschlaufen
wie der Herzog von Burgund

Du kannst die Zeitungen studieren
Bücher aus vergangenen Zeiten
oder deinen Töff frisieren
im Bann der Geschwindigkeiten

Du kannst Murmeln und Marken sammeln
und dann in den alten Tagen
Erinnerungen an die Frauen
die dir ihre Liebe gaben

Du kannst in einer stillen Kammer
den Kopf an deine Geige legen
und müd von all dem Alltagskummer
dich in andren Welten wiegen

Doch alles was du brauchst im Leben
das ist ein guter Freund
der mit dir schweigen kann und reden
und sich mit dir am Schönen freut

Vielleicht gehst du nach Afrika
um einen Elefant' zu sehen
oder willst einmal im Leben
auf dem Kilimandscharo stehen

Vielleicht fliegst du in deinen Träumen
in die unfassbaren Fernen
zu den roten Riesensternen
die das Tor zum Jenseits säumen

Du kannst in deinem Garten sitzen
wenn im Herbst die Drachen steigen
kannst den Buben Pferde schnitzen
mit Mähnen aus Tannenzweigen

Du kannst ein Christusbild anbeten
auf Vaterland und Fahne schwören
kannst über all den Humbug wettern
und dich zu dir selbst bekehren

Du kannst dich wie ein König fühlen
in den Schätzen die du hast
und doch wird dir eines fehlen:
der Freund der zu dir passt

Der verlorene Herbst Bern 1977

Nach dem Sommer kam der Winter
ich nahm meine Flöte und ging aus der Stadt
um den verlorenen Herbst zu suchen
Am Fluss stand ein Greis mit schlohweissem Bart
und fütterte den Möwen Kuchen

Ein Clown hatte sein Lachen verloren
ein Pärchen war vor Liebe blind
Aus dem Wasser wuchsen feuchte Ohren
im Schilf spielte leise der Wind
und in grossen Flocken fiel der Schnee…

An der Landstrasse lag in Lumpen gekleidet
ein Säufer erfroren und wartete hier
noch immer auf einen der ihn begleitet
der nichts hat als etwas Leben und Bier

Ein Bauer stapfte über sein Feld
die Krähen flogen im Kreise
Er brummte mir zu es werde noch kalt
und verschwand in einer Waldschneise
und in grossen Flocken fiel der Schnee…

In den blauen Bergen traf ich Rübezahl
er liebte die Erde und küsste die Pflanzen
Als ich ging gab er mir einen Sonnenstrahl
lange noch hört' ich ihn singen und tanzen

Mit der Flöte am Mund und Geigen im Herz
zog ich an schlafenden Städten vorüber
an seufzenden Wäldern, singenden Hügeln
auf der Suche nach dem verlorenen Herbst
und in grossen Flocken fiel der Schnee…

Spieler & Diebe 1978

Wenn sie dich nach dem Namen fragen
nach Leumund und Zeugnissen
lass dich nicht von Papieren plagen
hab du nur ein gutes Gewissen

Denk ihre Westen wären zerrissen
von Laster und Lüge die Züge entstellt
denn hinter Glastüren und Teakholztischen
sind Spieler und Diebe die Herrscher der Welt

Wenn sie dich auf eine Bühne stellen
zum neuen König der Künste krönen
lass dich nicht von den Lichtern blenden
von Blumen die das Podium säumen

Mit dem Herbstlaub an den Bäumen
fällt dein Stern vom Zirkuszelt
denn hinter Kulissen und Zuschauerräumen
sind Spieler und Diebe die Herrscher der Welt

Wenn sie von Glück und Frieden reden
in Glaspalästen und Tagesschau
doch du spürst die Erde beben
dann nimmt dein Herz fest in die Hand

und schau nach im ganzen Land
ob nichts von deiner Heimat fehlt
denn hinter den Zahlen der Börsenkurse
sind Spieler und Diebe die Herrscher der Welt

Rapunzel (Haar-Fee) 1979

Dein Haar, dein langes, langes Haar
riecht nach Wacholder und Wald
nach der Zeit unter den Bäumen
nach dem Moos- und Brombeerland
wo du und ich und allesamt
noch Fee, noch Wolf und Hexe sind

Dein Haar, dein langes, langes Haar
schlägt Wurzeln in die Dämmerung
die Wiesen und die Wasser warten
auf eine rauschende Nacht
die alles Tote wieder jung
und feierlich zum König macht

Dein Haar, dein langes, langes Haar
birgt uns Kinder der Sehnsucht
unterm Regenbogendach
Alle, die Fee und Wolf und Hexe sind
Narren und Zaubrer auf der Flucht
das ganze wilde Heer im Wind

Dein Haar, dein langes, langes Haar
riecht nach Wacholder und Wald
nach der Urzeit unter Bäumen
nach dem Moos- und Brombeerland
wo du und ich und allesamt
noch Fee, noch Wolf und Hexe sind

Du kommst aus einem anderen Land 1994

Du kommst aus einem Land
wo warmer Wind die Bäume wiegt
aus einem fernen Anderland
das hinter blauen Augen liegt

Du trägst in deiner kleinen Hand
etwas was mich in Träumen wiegt
Verstummt ist der Verstand
und jedes kluge Wort versiegt

Die Hülle deiner Haut
wenn man dich auf den Armen trägt
ist zart, ein Zelt aus Licht gebaut
in dem die Wanderseele lebt

Ich hör im Blätterklang der Buchen
die der Abendwind bewegt
ein Lied, das mir der Regen sang
ich hör's mein Leben lang

Du kennst es wohl das Heimatland
das hinter jenen Bergen liegt!
Mein Freund, mein Kind vom Sonnenland
das schlafend sich im Arm mir wiegt?

Eva wo bist du? Paris 1981

Im Trubel der Strasse
am Weg ins Büro
Im Wartsaal im Bahnhof
beim Tiger im Zoo

Im Duft der Mimosen
im tiefblauen See
Im Rosa der Rosen
im Satz im Kaffee
such ich dich, brauch ich dich:
«Eva wo bist du?»

Im Herbst von Vivaldi
beim Baden im Fluss
Im Erdbeeraroma
im flüchtigen Kuss

Im Zug nach Venedig
auf der Toilett'
In Liebesromanen
zuhause im Bett
such ich dich, brauch ich dich:
 «Eva wo bist du?»

In Bildern von Gaugin
im Telefonbuch
Bei Vollmond am Himmel
im herzhaften Fluch

Auf Inseln im Süden
im ewigen Schnee
In meinen Gefühlen
und auf UKW
such ich dich, brauch ich dich:
«Eva wo bist du?»

Auf Kinderspielplätzen
In Fugen von Bach
In Rock 'n Roll-Fetzen
Im Schweigen der Nacht

Mit Augen und Ohren
im Rausch und im Schmerz
Mit Haut und mit Haaren
mit Bauch und mit Herz
such ich dich, brauch ich dich:
«Eva wo bist du?»

Ein Mann 1983

Ein Mann muss stark und standhaft sein
bei Gefahr kein feiges Schwein
muss in der Liebe oben liegen
und im Krieg den Feind besiegen

Ein Mann hat eine Frau im Bett
und im Schrank ein Bajonett
Ein Mann ist keiner, wenn er findet
dass er auch als Frau empfindet

Ein Mann muss steif und aufrecht sein
am Boden stehn mit beiden Bein'
muss wissen wie sich Geld vermehrt
muss schauen, dass es vorwärts geht

Ein Mann sitzt sicher hinterm Steuer
unterwegs ins Abenteuer
Ein Mann ist keiner, wenn er findet
dass er auch als Frau empfindet

Ein Mann muss schlau und schneidig sein
und in der Politik daheim
Er muss ein Gläschen Schnaps vertragen
wissen, wann die Wahrheit sagen

Ein Mann schenkt der Frau Sicherheit
und der Geliebten Zärtlichkeit
Ein Mann ist keiner, wenn er findet
dass er auch als Frau empfindet

Die Sensiblen sterben aus (für Vreni) 1982

Die Welt wird härter Tag für Tag
Die Arbeitszeit bringt Geld bringt Leid
Die Welt wird härter Tag für Tag
Die Autobahn führt jedermann nach irgendwo
Und die Sensiblen sterben aus

Die Welt wird härter Tag für Tag
Vom Radio Musik macht froh
Die Welt wird härter Tag für Tag
Der Fernsehschirm liniert das Hirn nach irgendwie
Und die Sensiblen sterben aus

Die Welt wird härter Tag für Tag
Betonwände, Herz und Hände
Die Welt wird härter Tag für Tag
Lust und Leid liegt kaufbereit für irgendwen
Und die Sensiblen sterben aus

Die Welt wird härter Tag für Tag
Die Zeit schon knapp, der Mensch nicht satt
Die Welt wird härter Tag für Tag
der Weltraum winkt
die Erde stinkt nach irgendwas
Und die Sensiblen sterben aus

Susanne 1972/1985 Cohen/Zoss

Susanne führt dich hin
zu ihrem Platz am Ufer
Du schläfst die Nacht bei ihr
hörst von fern die Boote fahren
und du weisst, dass sie dich braucht jetzt
in ihrem sanften Wahnsinn

Sie reicht dir Tee aus China
Mandarinen und Orangen
und grad als du ihr gestehen willst
dass du nicht in sie verliebt bist
erschliesst sie dir ihr Wesen
und nun gibt der Fluss dir Antwort:
«Ihr seid immer eins gewesen!»

Und du möchtest mit ihr reisen
möchtest blindlings bei ihr bleiben
dich ihr ganz anvertrauen, denn du hast
ihre Schönheit berührt mit deinem Geist

Jesus war ein Seemann
beim Wandeln übers Wasser
Er wartete und wachte lang
in seinem Turm aus Ebenholz
Erst als er sicher war
dass nur Ertrinkende ihn sahen sprach er:
«Alle Menschen sind Matrosen
bis die See sie wird erlösen!»

Doch er selber ging verloren
vor verschlossenen Himmelstoren
verlassen, fast ein Mensch
sank er in deine Weisheit wie ein Stein

Und du möchtest mit ihm reisen
möchtest blindlings bei ihm bleiben
dich ihm ganz anvertrauen, denn er hat
deine Schönheit berührt mit seinem Geist

Susanne nimmt deine Hand
führt dich hinab ans Ufer
sie trägt Federn in den Haaren
aus Heilsarmee-Basaren
und die Sonne fliesst wie Honig
über unsre Frau vom Hafen

Und sie zeigt dir, wo's schön ist
Blumen blühen zwischen Kehricht
Im Seetang treiben Helden
Kinder lehnen in den Morgen
und sie sehnen sich nach Liebe
werden ewig sich sehnen
Susanne hält den Spiegel

Und du möchtest mit ihr reisen
möchtest blindlings bei ihr bleiben
dich ihr ganz anvertrauen, denn sie hat
deine Schönheit berührt mit ihrem Geist

Du bist der Himmel über mir 1986

Du bist der Himmel über mir
bist die Sonne wenn ich frier
bist die Rose im Gemäuer
bist ein grosses Abenteuer

Du bist der Floh in meinem Ohr
bist ein Wunsch den ich verlor
bist die Schwester meiner Haut
manchmal leise manchmal laut

Du bist das Efeu das umschlingt
bist ein Lied das in mir singt
bist ein Bild von Tizian
am Strassenrand der Löwenzahn

Du bist ein unerforschtes Land
ein Geldstück das versinkt im Sand
bist ein weisses Viadukt
ein Muskel der im Schlafe zuckt

Du bist ein Flecken im Asphalt
ein Funke der im Dunkeln strahlt
bist ein Glas das leicht zerbricht
ein Lachen das man nicht vergisst

Songs bei Spotify

Apple-Download

Roland Zoss – Musiker und Autor

Im deutschen Sprachraum zählt der Musiker und Autor zu den grossen Songpoeten. Die deutsche Version von Leonard Cohens «Susanne» stammt aus seiner Feder.
In Berner Mundart schuf Roland ein ganz eigenes, modernes Universum für Kinder in Buch, Hörspiel und Lied.
Der Werdegang zum Musiker spiegelt sich im Mundartroman & Hörbuch «Hippie-Härz».

Belletristik & Poesie

2025 «Paradisola» Inselgedichte
2025 «Z Bärn im Rosegarte» Mundartpoesie
2025 «Kinder und Könige» Gedichte & Lieder
2024 «Die Geburt der Tage» Kurzgeschichten
2023 «Formica» Fantasy-Erzählung
2021 «Hippie-Härz» Musikroman & Hörbuch
1992 «Die Insel hinterm Mond» Erzählung

Gesamtwerk: www.rolandzoss.com
Tier-ABC Xenegugeli: www.abcdino.swiss
Baumlieder: www.baumlieder.ch
Härzland: www.haerzland.ch
Porträt Linkedin • Porträt Facebook